Für dich!

Andreas Malessa (Hrsg.)

Für dich!

Ein **Dankeschön** an Lieblingsmenschen und Alltagshelden

DEUTSCHE
BIBEL
GESELLSCHAFT

Für dich!
Ein Dankeschön

Womit bedankt man sich angemessen? Wenn das Dankeschön nicht mickrig, aber auch nicht großspurig wirken soll? Wo doch Qualität und Bewertung einer edel verpackten Weinflasche jederzeit per App nachgeprüft werden können. Und der Preis eines Buches auf seiner Rückseite gedruckt steht. Und eine Einladung zum Essen wochenlange Terminsuche nach sich zieht …

Was schenkt man Leuten, die schon alles haben? Die also Schränke, Truhen, Dachboden und Keller voller Nettigkeiten besitzen und diese weder brauchen noch schön finden? Ein noch putzigeres, noch selbstgemachteres, noch wertvolleres „Stehrumchen"? Oder lieber irgendwas Haushaltsnützliches?

Mein Vorschlag: Bedanken Sie sich mit Gedanken. Und Gefühlen. Angeregt und ausgelöst durch Gedichte und Geschichten. Kosten wenig Lese-Zeit, schenken aber viel Lebenszeit. Wertvolle Momente für *„Lieblingsmenschen und Alltagshelden"*. Sie sind mehrmals konsumierbar, altern nicht, passen in viele Lebens-Räume und sind obendrein gesund.

Denn: *„Die Seele ernährt sich von dem, was sie freut."*
Bitteschön. Für dich!

ANDREAS MALESSA

5

Mein Danke-ABC

Danke für die Anfänge. Sie halten mich wach. *Danke* für den Bus, der mich weiterbringt (selbst, wenn er es mit Verspätung tut. Nur Kleingeister horten Minuten wie Manna.) *Danke* für die Chrysanthemen im Herbst, die nichts davon wissen wollen, dass der Sommer endet. Sie leuchten, so lange sie können. Das will ich auch. *Danke* für den Dank, der mich daran erinnert, dass jeder Tag irgendeine Freude bereithält. Ein Rosinenbrötchen zum Frühstück, die Mail im Postfach, das angefangene Buch, den Lieblingspullover, der fragende Blick eines Eichhörnchens. *Danke* für den Engel, der sich in den Weg stellt. Manchmal sieht er mehr als ich. *Danke* für die Fragen, die mich nicht loslassen. Sie bewahren mich davor, eine gelangweilte Besserwisserin zu sein. *Danke* für das Glück, das sich im Dickicht versteckt und gesucht werden will wie ein Pfifferling. Manchmal holt man sich dabei schmutzige Schuhe und zerkratzte Hände. Was soll's? *Danke* für den Hunger nach Leben, Küssen, Johannisbeeren. *Danke* für die Irrtümer, die ich mich traue zuzugeben. Ich will nicht aufhören zu irren, weil das auch das Ende aller Versuche, aller Fragen, aller Anfänge wäre.

Danke für dieses Jahr, das so neu und unbenutzt vor mir liegt, und für das Ja, das ein Vorschuss ist für alles, was kommt. Ich will öfter Ja als Nein sagen, nicht um anderen zu gefallen, sondern mir zu Gefallen. *Danke* für Katzen, die immer genau dann, wenn ich alle Annäherungsversuche aufgegeben habe, um meine Beine streichen. *Danke* dafür, lieben zu können, und wenn ich es gerade nicht kann, weiterzuüben. (Denn was, wenn Liebe kein Gefühl, sondern eine Fähigkeit wäre, die man lebenslang trainieren muss?) *Danke* für Marshmallows, überm Feuer geschmolzen, weil sie verhindern, dass ich eine dogmatische Gesundheitsapostelin werde. Rosenkohl und Apfelschnitze esse ich schon genug. *Danke* für den Monat November, in dem ich endlich zur Ruhe kommen kann, weil die Schwimmbäder geschlossen und die Weihnachtsmärkte noch nicht geöffnet haben. *Danke* für meine Ohren und den Genuss, den Wind und die Meisen, Mozart und meinen Namen zu hören. *Danke* für das Blatt Papier, aus dem alles werden kann: ein Flieger, ein Liebesbrief, ein Testament, eine Rede zur Rettung der Welt. *Danke* für Ernies Quietscheente und dass Albernes so subversiv sein kann. *Danke* für Riesen, die bereit sind, zu Zwergen zu werden, damit niemand sich zu fürchten braucht. *Danke* für das Spiel, das heilige Spiel. Es lehrt mich, mich ernst zu nehmen und mich zu vergessen. Es zeigt mir Türen in andere Welten, die direkt neben der alltäglichen Welt liegen. Es liegt an mir, mich hineinzuwagen. *Danke* für Tampons, das muss mal gesagt werden, ein Hoch auf Tampons, die immer noch so verstohlen von der Tasche in die Hand wandern, als seien es Drogen. *Danke* für die Unterbrechungen, die manchmal nötig sind, damit ich den Blick zum Himmel hebe. *Danke* für jedes Vielleicht, das die Hoffnung nicht aufgibt. *Danke* für das Wir. Irgendwo ist immer eins. Wir sind Liebende, Geschwister, Freundinnen, Hausgenossen, Bürgerinnen, Mitglieder, Weltbewohner. Wir ist eine Einladung und will nie eine Ausladung sein. *Danke* für das X, das immer irgendwie im Weg steht und schwer zu verwenden ist. Wir brauchen Dinge, die sich der Verwendung entziehen. *Danke* für jede Yuccapalme, in der keine Spinne sitzt. *Danke* für die Zwischentöne, die mich hellhörig machen für das, was mich ruft.

SUSANNE NIEMEYER

Glückwunsch, Orpheus!

„Herzlichen Glückwunsch, du ..., du ..."

Sie hätte jetzt „du Lexikon auf zwei Beinen" sagen können. Oder „du Universität mit Ohren". Ehrlicherweise auch „du Klugscheißer". Denn Onkel Gotthilf war sehr, sehr gebildet. Auf eine nervige Art gebildet. Er zitierte lateinische Lebensweisheiten, die niemand verstand. Er bezog sich auf Schriftsteller, die niemand kannte. Er lobte Politiker, die längst in Rente oder tot waren. Er war so umfassend belesen, dass er sein Geburtsjahr als „Erscheinungsdatum" bezeichnete und sein Alter als „80. Auflage".

„Herzlichen Glückwunsch! Und hier ...", Moni fingerte einen Umschlag aus ihrer Handtasche, „... ist unsere Überraschung für dich!"

Jannik und Moni fanden Geburtstagsbesuche bei Onkel Gotthilf meist etwas unangenehm. Erst recht heute, zu seinem achtzigsten. Das Stimmengewirr von mehr als drei Personen war ihm zu laut, die Gespräche einer größeren Gesellschaft waren ihm zu oberflächlich. Er hasste „Geplärr und Geplauder", wie er es nannte, und lud deshalb höchstens zwei Gratulanten pro Tag ein. Hintereinander, eine Woche lang. Danach klagte er immer, wie anstrengend „die ganze Feierei" gewesen sei.

Dass man ihn als Rektor eines Gymnasiums vor einem Vierteljahrhundert frühpensioniert hatte, fand er demütigend. Obwohl er mit fünfundfünfzig kränklicher war als heute. Auch hatte Onkel Gotthilf nichts von jener prüfenden Strenge verloren, die sein Gesicht gerade dann ausdrückte, wenn er schwieg. Was er meistens tat. Und dabei bedeutungsschwer seufzte.

Mit Sorgenfalten auf der Stirn zog der Jubilar drei Konzertkarten für Reinhard Mey aus dem Kuvert. „Da gehen wir mit dir zusammen hin, okay?", fügte seine Nichte hinzu. „Gibt's den noch?", fragte der Achtzigjährige. Ein „Dankeschön" wäre Moni lieber gewesen.

„Reinhard Meys erste Platte kam raus, als du Mitte zwanzig warst!", rief Jannik ermunternd, „als du damals Referendar in, äh, in Dings …"

„… 1967 war das!", unterbrach ihn Moni ebenso laut, „die Platte hieß ‚Ich wollte wie Orpheus singen'."

Sie sprach den LP-Titel mit „eu" aus. Mit Eu wie Eule.

„Muss es nicht Orphe-us heißen, so wie in Matthä-us?", warf Jannik ein.

„Unsinn", knurrte der Beschenkte, „Orpheus mit ‚eu' ist ein Halbgott aus der griechischen Mythologie." Er legte die Konzertkarten neben die Kuchenplatte.

„Orpheus mit ‚eu', der konnte so gut singen, dass Steine weinten, Raubtiere nicht mehr jagten und das tosende Meer sich beruhigte. Er hätte seine Freundin Eurydike – auch mit ‚eu' – aus der Unterwelt retten können. Klappte aber nicht."

Onkel Gotthilf machte ein Gesicht, als tue ihm das persönlich leid.

Sie setzten sich an den Kaffeetisch, während Jannik in Gedanken rätselte, warum ein begabter Sänger eine Freundin aus der Unterwelt hat.

„Wahrscheinlich kennen die Schüler von heute ...", fing Moni an, goss die erste Tasse ein und wollte, ausgehend von Orpheus, auf das abnehmende Bildungsniveau heutiger Gymnasiasten zu sprechen kommen.

„... nicht mal die jungen Lehrer", unterbrach sie Onkel Gotthilf, „nicht mal die Lehrer kennen noch Reinhard Mey!"

„Echt nicht?", gab sich Jannik erstaunt.

„Und der kennt die Bedingungen in einem Cockpit nicht. ‚Über den Wolken muss die Freiheit wohl grenzenlos sein'? Pah! Nichts ist so streng geregelt wie der Luftraum."

Wieder seufzte der Achtzigjährige bedauernd und schaute vorwurfsvoll an die Raufasertapete.

„Vielleicht meinte er die Beinfreiheit", dachte Jannik. Wo Reinhard Mey doch sicher erster Klasse fliegt.

Geburtstagskind Gotthilf knarzte schon weiter: „Und den Gegensatz zu Christus kennt auch keiner mehr. Weder Religionslehrer noch Konfirmanden. Armes Deutschland."

Irritiert sahen Jannik und Moni einander an. Welchen Gegensatz zwischen Reinhard Mey über den Wolken und Jesus Christus in der Bibel müssten sie kennen? Es dauerte ein halbes Stück Kirschtorte, bis sich Onkel Gotthilf erklärte: „Orpheus schaffte es nicht, Eurydike aus dem Hades, dem Totenreich, zu retten. Christus aber ist auferstanden. Orpheus stillte zwar den Sturm, wie Jesus auf dem See Genezareth, er unterlag aber letztlich dem Tod.

Deshalb ...", er balancierte ein zweites Stück Kuchen haarscharf über die Konzertkarten hinweg, „... hält Orpheus auf alten Darstellungen die Lyra im Arm ..."

Ach, sieh an, dachte Jannik, der begabte Herr Sänger hatte eine zweite Freundin?

„... während Christus mit dem goldenen Königszepter dargestellt wird, der die Verstorbenen aus dem Totenreich herausführt. So sieht man es auf frühchristlichen Illustrationen des Evangeliums. Eu-angelion, eigentlich. Auch mit ‚eu‘."

„Lyra heißt das Instrument, das Orpheus spielte, stimmt's?", versicherte sich Moni. Onkel Gotthilf nickte. Jannik setzte nach: „Kommt daher die Bezeichnung Orpheus'-sches Instrument?"

„Er meint: Orff'sches!", beschwichtigte Moni.

Von dem Blick, den der Beschenkte jetzt Jannik zuwarf, wäre jede Kuchensahne sauer geworden.

„Wann ist denn das Konzert?", brummte Onkel Gotthilf und zog die Konzertkarten so ungeschickt zu sich heran, dass ein Kaffeelöffel sie bekleckerte. „Am dreiundzwanzigsten!", rief Jannik und war froh, endlich etwas Zutreffendes zu wissen.

„Da kann ich nicht", schüttelte er den Kopf, „da bin ich ..., da hab ich ..."

Die beiden Gratulanten lauerten mit hochgezogenen Augenbrauen.

„... eine Verabredung."

Moni und Jannik starrten den Schweigenden an. Und? Und?, schrien ihre Augen.

Onkel Gotthilf huschte ein für ihn untypisches Lächeln übers Gesicht, als könne man ihm tatsächlich zu dieser Freundin gratulieren.

ANDREAS MALESSA

Dankbare Erinnerung

Im normalen Leben wird es einem oft gar nicht bewusst, dass der Mensch überhaupt unendlich viel mehr empfängt, als er gibt, und dass Dankbarkeit das Leben erst reich macht. Man überschätzt wohl leicht das eigene Wirken und Tun in seiner Wichtigkeit gegenüber dem, was man nur durch andere geworden ist.
Je schöner und voller die Erinnerungen daran, desto schwerer die Trennung davon. Aber die Dankbarkeit verwandelt die Qual der Erinnerung in eine stille Freude. Man trägt das vergangene Schöne nicht mehr wie einen Stachel, sondern wie ein kostbares Geschenk in sich.

DIETRICH BONHOEFFER
(1906–1945)

Itema**go**tenke

Bei uns Massai in Kenia geht vielen Gesprächen zunächst ein ritualisiertes Sätze-Pingpong voraus, das etwas länger ausfällt als das deutsche „Wie geht's? – Och danke, geht so".

Treffen sich zwei erwachsene Massai-Männer, fragt man zuerst:

„Wie geht's deinen Kühen?"

„Sie lächeln."

„Und selbst?"

„Danke, toll."

„Und was machen die Kinder?"

„Niemand ist stolzer als ich auf meine."

„Deine Eltern sind doch gesund und munter, hoffe ich?"

„Sie platzen vor Leben!"

„Und deine Frau ..."

„... versorgt mich, wie es keine Mutter besser könnte."

„Gott segnet dein Business?"

„Es brummt, sage ich dir, es brummt."

Der Wahrheitsgehalt all dieser Sätze ist nicht höher als der einer Bankberatung vor dem Crash 2008, aber das macht nichts. Mit der Wahrheit werden wir später rausrücken. Unsere Nöte und Sorgen werden wir erst teilen, wenn ein Konsens über elementare Grundsätze des Lebens hergestellt wurde: dass wir eigentlich dankbar sein können. Dass es schön ist zu leben. Dass der heutige Tag Freude machen wird.

Bei einem der größten – und stolzesten – Völker Südafrikas, den Zulu, gibt es keinen Begriff, der dem westlichen „Danke" exakt entspricht. Man antwortet auf Nachfrage „Siyabong-ga!", was wörtlich „wir sind gesegnet" bedeutet. Darin enthalten ist die Denkvoraussetzung, dass niemand ganz alleine „seines Glückes Schmied" ist, wie ein deutsches Sprichwort sagt, sondern wir immer angewiesen bleiben auf die Hilfe Gottes und anderer Menschen. Das ist einem in der umgangssprachlichen Alltagspraxis nicht jedes Mal bewusst, aber „Siyabong-ga, wir sind gesegnet" finde ich trotzdem schöner, als wenn ich in Europa höre „danke, ich kann nicht klagen".

Auf Reisen im bitterarmen Sierra Leone/ Westafrika hörte ich bei Begrüßungen unter den Einheimischen oft „Itemagotenke", was ich für „Danke, gut" in den Sprachen der Mende und Temne hielt. Bis ich gefragt wurde, ob wir heute abend ins Kino gehen wollen: „Gosifim Cinema?" Da verstand ich: Auf Krio, einer Art Pidgin-Englisch, heißt „Itemagotenke" einfach „I tell my God thank you".

OLE MOROMPI RONKEI

Vielleicht
hört das ja nie
auf

Als ich klein war, sollte die Tür zu meinem Kinder-
zimmer am Abend immer einen Spalt offen stehen bleiben.
Zu groß war meine Sorge, von der Dunkelheit des Zimmers
verschluckt zu werden. Die leisen Stimmen meiner Eltern,
das sonore Summen der Geschirrspülmaschine und
der fahle Lichtschein, der durch den Türspalt ins Zimmer fiel,
beruhigten mich und ließen mich schließlich einschlafen.

Und manchmal denke ich heute: Wer weiß?
Vielleicht hört das ja nie auf, dass da einer auf Zehenspitzen
noch einmal in dein Schlafzimmer schleicht, mit gespitzten
Ohren nach deinem Atem horcht und dann ganz sachte die
Tür anlehnt, so dass eine Ahnung von Licht in deine Dunkelheit
fällt und du dich nicht fürchten musst.

HANNA BUITING

Weitreichend

Herr, deine Güte reicht, so weit der Himmel ist,
und deine Wahrheit, so weit die Wolken gehen.
Deine Gerechtigkeit steht wie die Berge Gottes
und dein Recht wie die große Tiefe.
Herr, du hilfst Menschen und Tieren.
Wie köstlich ist deine Güte, Gott,
dass Menschenkinder unter dem Schatten
deiner Flügel Zuflucht haben.

PSALM 36,6–8

» *Übersetzt heißt das doch:*
Heute Abend kann die Welt gar nicht untergehen.
In Australien kochen sie schon Frühstückskaffee! **«**

ECKART VON HIRSCHHAUSEN

Das Hemd des Glücklichen

Ein König war krank und ließ im Lande verkünden, er wolle die Hälfte seines Reiches dem geben, der ihm Heilung bringe. Da versammelten sich die weisen Männer und beratschlagten, wie der König zu heilen wäre. Doch keiner wusste ein Mittel zu nennen.

Nur einer meinte, es sei dennoch Hilfe möglich: Wenn man einen Menschen fände, der vollkommen glücklich wäre, diesem das Hemd auszöge und es den König anziehen ließe, so würde der Kranke genesen. Sogleich wurden Boten entsandt, einen solchen Glücklichen zu suchen, und der Sohn des Königs zog ihnen voran. Aber sie konnten keinen Menschen finden, der mit seinem Schicksal zufrieden gewesen wäre. War einer reich, so litt er Krankheit und Schmerzen. War ein andrer gesund, so drückten ihn Armut und Not.

Und fehlte einem Dritten auch nichts, erfreute er sich also der Gesundheit und besaß Geld die Fülle, so keifte im Hause eine böse Frau und ungeratene Kinder machten ihm Sorge. Kurz: Jeder klagte über sein Los und schalt es ungerecht.

Eines Abends jedoch ging der Königssohn an einer Hütte vorbei und hörte drinnen einen Menschen so zu sich sprechen: „Nun hab' ich meine Arbeit getan, hab' mich satt gegessen und satt getrunken und gehe schlafen; was fehlt mir noch? Ich bin der glücklichste Mensch."

Wie der Prinz diese Worte vernahm, ward er voll großer Freude und wollte das Hemd des Glücklichen für seinen Vater haben. Dem Armen sollte man Geld geben, wie viel er nur haben wollte. Die Diener des Königs kamen zu dem Glücklichen, wollten ihm das Hemd ausziehen, allein – o seltsame Fügung! – der Fröhliche war so arm, dass er nicht mal ein Hemd hatte.

LEW NIKOLAJEWITSCH TOLSTOI
(1828–1910)

Zu**sage**

Du brauchst nicht
das Unmögliche
möglich zu machen

du brauchst nicht
über deine Möglichkeiten
zu leben

du brauchst dich nicht
zu ängstigen

du brauchst nicht
alles zu tun

du brauchst keine
wunder zu vollbringen

du brauchst dich nicht
zu schämen

du brauchst nicht
zu genügen

du brauchst Erwartungen an dich
nicht zu entsprechen

du brauchst keine
Rollen zu spielen

du brauchst nicht immer
kraftvoll zu sein

und du brauchst nicht
alleine zu gehen.

ANDREA SCHWARZ

Für dich!

Luxus

Wissen Sie, was Luxus ist? Vergessen Sie teure Autos und Schnürsenkel aus Schlangenleder. Ob das Schnitzel in Blattgold gewickelt ist, ist mir schnuppe. Ich brauche keinen Privatjet, weil ich sowieso nicht gern fliege. Verliebt sein kann man genauso gut im Bus, und bei Liebeskummer hilft auch keine Limousine. Fünf-Sterne-Hotels lassen mich kalt, meinen Urlaub verbringe ich am liebsten im Zelt, allerdings einem, das dicht hält, das ist auch schon ein Luxus. Aber den meine ich nicht.

Luxus ist ein Mittagsschlaf. Sich am helllichten Tag aufs Sofa zu legen und sanft davongetragen zu werden in einen Zustand zwischen Wachsein und Traum. Sich nicht gemeint fühlen von den Alltagsgeräuschen, sondern selig schlummern. Schon das Wort „schlummern" erzählt von der Süße dieses Zustandes. Wer schlummert, schläft nicht, wer schlummert, trägt keinen Pyjama, wer schlummert, schlüpft nur kurz aus dem Getriebe des Alltags hinaus.

Als ich Kind war, schlossen die meisten Läden um zwölf Uhr dreißig, die Welt roch nach Erbseneintopf und Blumenkohl, und im Treppenhaus musste man jetzt leise sein. Wehe, wer es wagte, eine Tür zu knallen. Bis fünfzehn Uhr war Mittagsruhe, sehr zum Leidwesen der Kinder. Wir schlichen auf Zehenspitzen durch die Wohnung, wussten nichts mit uns anzufangen, und niemand war da, der uns bespaßt hätte. Der Vater meiner besten Freundin kam mittags nach Hause, aß zügig, um sich dann zwanzig

Minuten aufs Sofa zu legen. Anschließend fuhr er zurück an seinen Schreibtisch. Ich konnte mir damals nicht vorstellen, was daran erstrebenswert sein sollte. Manche Genüsse lernt man eben erst mit dem Alter zu schätzen: Bitterschokolade, Pampelmusen, Sonntagsspaziergänge, geputzte Schuhe. Und den Mittagsschlaf. Sich ausklinken. Die Füße hochlegen. Nicht ansprechbar sein. Mitten am Tag das Tagwerk unterbrechen.

Das ist Luxus. Es ist auch ein Akt der Unverfügbarkeit, und ich glaube, solche Momente brauchen wir immer nötiger. Sie sind Lücken, durch die das Unvorhersehbare schlüpft. Entspannung und Ruhe sowieso, auch Freiheit jenseits der Betriebsamkeit und der Unabkömmlichkeit, eine Freiheit jenseits der persönlichen Produktivität. Es ist, als würde man eine dieser alten Schultafeln wischen, vollgeschrieben mit Formeln, Gedanken, Notizen, bevor die nächste Stunde beginnt.

Jede dritte Frau und jeder vierte Mann würden Umfragen zufolge gerne Mittagsschlaf halten, wenn es denn möglich wäre. So wird der „Powernap" zumindest in Zeitschriften gepriesen – aber Powernap: Das klingt ja schon wieder nach Anstrengung und Leistung, so, als müsste ich für meinen Mittagsschlaf Laufschuhe anziehen. Den meisten bleibt die Sache irgendwie peinlich: Ein Mensch, der tagsüber schläft – und das auch noch öffentlich – kann doch eigentlich nur ein Faulpelz sein. Es müsste viel mehr Sofas, Bänke, Hängematten, Ohrensessel, Liegen, Kissen geben und Mutige, die sie benutzen. Handy stumm, Augen zu, Kopf in den Stand-by-Modus. Ein Traum!

SUSANNE NIEMEYER

Köstlich

Das ist ein köstlich Ding, dem Herrn danken und
lobsingen deinem Namen, du Höchster.
Des Morgens deine Gnade und des Nachts
deine Wahrheit verkündigen.

PSALM 92,2–3

>> *Ich singe dir mit Herz und Mund,*
Herr, meines Herzens Lust;
ich sing und mach auf Erden kund,
was mir von dir bewusst. <<

PAUL GERHARDT (1607–1676)

Bekenntnis einer Freundschaft

Es war eines Tages vor dem Kriege an den Ufern der Saone, in der Gegend von Tournus. Die Ellenbogen auf einen ganz simplen Tisch gestützt, hatten wir uns zwei Pernod bestellt. Da ein paar Schritte von uns zwei Matrosen einen Kahn löschten, haben wir sie eingeladen. Wir haben sie von unserem Balkon herab angerufen, und sie sind gekommen. Und so tranken wir einander zu. Die Sonne tat gut. Die Pappeln des anderen Ufers, die Ebene bis zum Horizont, sie badeten in ihrem linden Honiglicht. Wir befanden uns völlig in Frieden, aufs Beste eingefügt in eine endgültige Zivilisation, vor Unordnung sicher. Wir genossen eine Art vollkommenen Zustandes, in dem wir uns nichts mehr anzuvertrauen hatten – alle Wünsche waren erfüllt.

Darum, mein Freund, brauche ich so sehr deine Freundschaft. Ich dürste nach einem Gefährten, der – jenseits der Streitfragen des Verstandes – in mir den Pilger dieses Feuers sieht.

Ich bin aller Streite, aller Abschließungen, aller Glaubenswut so müde! Zu dir kann ich kommen, ohne eine Uniform anziehen oder einen Koran hersagen zu müssen; kein Stück meiner inneren Heimat brauche ich preiszugeben. In deiner Nähe habe ich mich nicht zu entschuldigen, nicht zu verteidigen, brauche ich nichts zu beweisen. Ich finde den Frieden wie damals in Tournus. Ich weiß dir Dank dafür, dass du mich so hinnimmst, wie ich bin. Was habe ich mit einem Freund zu tun, der mich wertet? Wenn ich einen Hinkenden zu Tisch einlade, bitte ich ihn, sich zu setzen, und verlange nicht, dass er tanze. Ich möchte mich noch einmal neben dir mit den Ellenbogen auf den Tisch einer kleinen, wackligen Bretterbude über den Ufern der Saone stützen und zwei Matrosen einladen, in deren Gesellschaft wir einander zutrinken im Frieden eines Lächelns, das wie der Tag ist.

ANTOINE DE SAINT-EXUPÉRY
(1900–1944)

Mit wem man noch **überein- stimmen** kann

Da hat doch zum Beispiel jeder immer noch einen besseren Geschmack als der andere. Wenn man sagt: „Wir waren neulich in Dings, das fanden wir schön", dann heißt es doch meist: „Ja, fandet ihr? Also wir waren nicht so begeistert."

Ja, wie soll denn da erst ein Restindio aus dem wildesten Amazonasgebiet mit mir übereinstimmen, wenn ich mich vor ihn hinstelle und singe „Ein feste Burg ist unser Gott"?! Und umgekehrt, wenn der mich durch hunderttausend Lianen, barfuß und ohne Machete, zu seinem hundertdreißig Jahre alten Oberhäuptling führt, und der sagt dann zu mir „Galapagos truente madridos rubato amigo dos passos con weyos avenidas". Das ist antiquarisches Spanisch und heißt, glaube ich, „Mein Freund, sei froh, dass das Blasrohr an dir vorübergegangen ist" – wie soll ich denn da als blasser Mitteleuropäer mit Platon, Erasmus und Hexenschuss im Rücken, wie soll ich denn das verstehen? Da liegen doch nun wirklich Welten dazwischen, wie man so schön sagt.

Da kann ich doch wenigstens von meiner eigenen kleinen Umgebung ein bisschen mehr Zustimmung erwarten! Aber ob ich in ein Bekleidungsgeschäft, zu einem Fest, in eine Ausstellung oder ein Konzert gehe und sage „Also, ich fand es toll, ich fand's großartig" – heißt es immer: „Du, also, ich weiß nicht. Wir fanden es nicht so berauschend." Ich will mal mit aller Vorsicht sagen, dass ich Schwierigkeiten habe mit meiner Demut. Mit meiner Großzügigkeit. Mit meiner Geduld. Vielleicht auch hie und da mit meiner Versöhnung.

Wir können doch oft nicht aus unserer kleinbürgerlichen Haut, anstatt einen weltbürgerlichen Horizont zu haben. Gefühle und Kulturkreise sind selbstgefällig. Sehr selbstgefällig. Anstatt alles aufzugeben, wegzugeben, beiseitezuschieben, was wir gestern mal gemeint haben. Wenn wir auf Menschen zugehen, gleichsam so tun, als wüssten wir nichts. Dem anderen den Vortritt lassen. Warum nicht mal den unteren Weg gehen aus unserer Freiheit als Christenmenschen heraus? Aus Freiheit und Liebe. Mal den zweiten Platz belegen. Siegen und Verlieren gibt es nicht mehr. Geht nicht mehr. Denn jeder braucht doch jeden.

HANNS DIETER HÜSCH
(1925–2005)

weitwurf

als ich unterwegs mal nicht weiterwusste
nahmst du meinen Rucksack auf den Rücken
maltest mir leise ein Herz auf meinen
da fasste ich neuen Mut und mir ein Herz
das warf ich weit voraus

STEPHANIE BRALL
(LICHTUNGEN)

31

Glücksformel

Da steht diese Person in meinem Zimmer. Sie sieht aus wie ich, nur in alt. „Ich bin ja auch du", sagt sie. „In etwa vierzig Jahren." Ich schaue sie genauer an. Der Pullover ist okay, aber wo kommen bloß die ganzen Falten her? „Das frage ich mich auch", sagt sie. „Spaß beiseite. Alt zu sein ist echt eine Herausforderung. Aber ich hab's geschafft, und da dachte ich, ich schaue mal vorbei. Schließlich gewinnt man an Lebensweisheit. Das ist das Gute."

Mein Kopf muss sich erst an diese merkwürdige Situation gewöhnen. Es ist sehr verwirrend, zweimal anwesend zu sein und einmal davon in der Zukunft, die noch gar nicht existiert. „Wird sie aber", sagt mein faltiges Ich, „wenn du es nicht vergeigst und vor ein Auto rennst." „Und wenn ich an Krebs erkranke? Dafür kann ich nichts. Ich rauche ja nicht mal!" „Wenn, wenn, wenn. Lass uns über Sinnvolleres reden. Frag mich was!" Ich überlege. Natürlich könnte ich fragen, wie die Zukunft so ist. Ob die Rechten immer mehr Raum einnehmen, ob es noch Bienen gibt und ob Heidi Klum immer noch Supermodels züchtet. Aber ich ahne, dass mich das nicht weiterbringt. Also frage ich: „Was ist das Wichtigste im Leben?"

„Ein Netz aus Menschen." Die Antwort kommt ohne Zögern. „Kümmere dich um Freunde. Lass eine Freundschaft nicht leichtfertig kaputtgehen. Unterschätze auch Bekanntschaften nicht. Verachte keinen Small Talk. Geh zu Einladungen. Lade selber ein, feiere deinen Geburtstag. Antworte auf Briefe, und wenn du keine bekommst, schreib selber den ersten. Egal ob auf Papier oder am Computer. Gründe eine Spielerunde. Was ist eigentlich aus deinem Lesekreis geworden?" Ich stottere irgendwas von mangelnder Zeit. Zufrieden bin ich mit ihrer Antwort nicht.

Irgendwie hatte ich Größeres erwartet. Eine Glücksformel. „Das ist eine Glücksformel", wendet mein weises Ich ein. „Es ist die Formel gegen Einsamkeit. Und dagegen, dass du so eine schrullige Alte wirst, die mit niemandem mehr kompatibel ist." Und ich dachte immer, das Wichtigste sei die Liebe. Am besten die große Liebe. „Ja, in Hollywoodfilmen." Ich zucke zusammen. Werde ich wirklich mal so ernüchtert klingen? „Aber nein. Ganz und gar nicht. Wenn ich dir noch eine Erkenntnis anvertrauen darf: Vergleiche führen selten irgendwohin. Freundschaft ist nicht besser als Liebe und Liebe ist nicht besser als Freundschaft. Das Wichtigste sind Menschen um dich herum. Echte Menschen übrigens. Von Facebook habe ich mich vor dreiundzwanzig Jahren abgemeldet. Kein großer Verlust."

Ihr Blick fällt auf die Küchenuhr. „Schon so spät! Ich muss los, bin zum Kino verabredet. Mach's gut und vergiss meine Worte nicht." Als sie weg ist, ist die Küche plötzlich leer. Ich schlage in meinem Handy das Adressbuch auf. Andrea steht unter „A". Welche Andrea bloß, frage ich mich und drücke auf die Wahltaste ...

SUSANNE NIEMEYER

Für das Leben, das in mir pulsiert.
Für den Arzt, der ein Knie repariert.
Für die Wunder, die täglich passier'n.
Für ein Spiel, das die Bayern verlier'n.
Für die Dusche, für Heizung und Licht.
Für das Lächeln in deinem Gesicht
Sag' ich Danke. Ich sag' Danke
für das und mehr: Danke sehr!

Für die Kinder und für die Musik.
Für ein Land ohne Hunger und Krieg.
Für die Wölfe, Wald, Wiesen und Flur,
für die Technik und Infrastruktur.
Für die Menschen, die etwas riskier'n
und vor Unrecht nicht kapitulier'n
sag' ich Danke. Ich sag' Danke
für das und mehr: Danke sehr!

Es wurde Zeit für etwas Dankbarkeit,
denn was ich auf der Zunge spür',
ist der Geschmack von Gottes
Freundlichkeit.
Ich sage: Vielen Dank dafür!

MARTIN BUCHHOLZ

Für das und mehr: **Danke sehr!**

Falsch gedankt

Er sagte aber zu einigen, die überzeugt waren, fromm
und gerecht zu sein, und verachteten die anderen, dies Gleichnis:
Es gingen zwei Menschen hinauf in den Tempel, um zu beten.
Der eine ein Pharisäer, der andere ein Zöllner. Der Pharisäer stand
und betete bei sich selbst so: Ich danke dir, Gott, dass ich nicht
bin wie die andern Leute. Räuber, Ungerechte, Ehebrecher,
oder auch wie dieser Zöllner. Ich faste zweimal in der Woche
und gebe den Zehnten von allem, was ich einnehme. Der Zöllner
aber stand ferne, wollte auch die Augen nicht aufheben zum
Himmel, sondern schlug an seine Brust und sprach:
Gott, sei mir Sünder gnädig!
Ich sage euch: Dieser ging gerechtfertigt hinab in sein Haus,
nicht jener! Denn wer sich selbst erhöht, der wird erniedrigt werden;
und wer sich selbst erniedrigt, der wird erhöht werden.

LUKAS 18,9–14

>> *Ein Mensch betrachtete einst näher*
die Fabel von dem Pharisäer,
der Gott gedankt voll Heuchelei
dafür, dass er kein Zöllner sei.
Gottlob!
rief er in eitlem Sinn,
dass ich kein Pharisäer bin! <<

EUGEN ROTH
(1895–1976)

Hätte dich beinah

Als Thomas Gottschalk noch in Malibu lebte, gab er zu Protokoll, dort werde er wenigstens von niemandem erkannt. Ähnlich äußerte sich Jürgen Klinsmann, der Nationaltrainer vom Fußball-Sommermärchen 2006. Prominent sein, aber inkognito bleiben – ein verständlicher Wunsch.

Der wäre ihnen auch, zum Beispiel, in Werchnaja Pyschma bei Jekaterinburg erfüllt worden, aber nun gut: In Hollywood, wo fast alle Prominenten des Kinos, der Popmusik und des Sports leben und täglich Touristenbusse an den mannshohen Hecken und Sichtblenden vorbeizuckeln, sind Paparazzi eben Paparazzi und keine gewöhnlichen Stalker. Muss beruhigend sein.

In der Kleinstadt Saint-Tropez an der Côte d'Azur gibt es ein Hotel, das von seiner Lage her niemals die gesalzenen Zimmerpreise rechtfertigen würde. Aber: Unten im Restaurant speisten schon Pablo Picasso und Jean-Paul Sartre, oben in den Betten verbrachten Romy Schneider und Alain Delon ihre erste gemeinsame Nacht. Auch Gunter Sachs und Brigitte Bardot, wie man hört.

nicht erkannt

Mit wem Georges Pompidou oder Sängerin Juliette Greco hier ..., aber lassen wir das.

Der Blick aus dem Fenster von Zimmer Nummer zehn geht direkt auf einen schäbigen Innenhof. Hier jedoch erholte sich Louis de Funès von den Dreharbeiten seiner insgesamt sechs Klamaukfilme, in denen er als cholerischer Kommissar Cruchot durch Saint-Tropez tobte. Das ist mehr als fünfzig Jahre her. Louis de Funès ist seit über dreißig Jahren tot.

Worin also besteht dann der Zauber, der „Spirit", die Atmosphäre des Hotels „La Ponche"? In der Vorstellungskraft seiner Besucher! Es ist ihre eigene Imagination, die den Reiz – und den Preis – dieser Unterkunft hochhält. Es ist die hinzugedachte, subjektiv empfundene Anwesenheit der objektiv Abwesenden.

An solchen Erinnerungsorten

von der oberflächlichen Neugier und einem schnellen voyeuristischen Effekt zu echter Dankbarkeit – für das Lebenswerk eines Künstlers, für die Erlebnisse, die man beim Schauen, Hören, Lesen und Denken hatte – zu kommen, braucht Zeit. Nicht viel, aber genug, um mindestens für einen Moment „Danke" zu denken oder zu fühlen.

Das funktioniert natürlich nur bei Gästen, denen all diese Namen noch etwas sagen. Denen die zeitgeschichtliche Rolle und Wirkung dieser Schauspieler während der Sechziger Jahre des zwanzigsten. Jahrhunderts bewusst sind. Romy Schneider als tragische Romantikerin, Alain Delon und Gunter Sachs als heimliche Playboy-Idole aller spießigen Männer, Brigitte Bardot als erotisches Klischee der Französin schlechthin, Louis de Funès als menschgewordener Donald Duck. Alle fünf aber könnten leibhaftig jeden Abend mit deutschen Schulklassen in den Bistros von Saint-Tropez sitzen und kein Teenager würde was merken.

Auch Pablo Picasso und Jean-Paul Sartre könnten unter BWL-Studenten und Software-Programmierern wahrscheinlich völlig inkognito bleiben. Sie wären unerkannte Anwesende. Die Frau am Geschirrspülbecken des Campingplatzes ist eine berühmte Bestsellerautorin, aber wer ahnt das schon?!

Bebrillte buchlesende Herren in Badehose muss man am Strand nicht als Bischöfe erkennen, weder als katholische noch evangelische.

Inkognito anwesend sein –

das geht dem auferstandenen Christus schon seit zweitausend Jahren so. Das erste Mal auf dem Weg zwischen Jerusalem und dem Dörfchen Emmaus. Nachzulesen im Lukasevangelium Kapitel 24. Lange wird er von zwei jungen Männern für einen x-beliebigen Mitwanderer gehalten. Und obwohl er in einem Gleichnis seine Nachfolger gewarnt hatte, sie sollten damit rechnen, dass er möglicherweise in jedem Hilfsbedürftigen und Kranken, in jedem gefangenen und gedemütigten Menschen inkognito anwesend sein könnte (Matthäus 25,35 ff.), „wurden ihre Augen gehalten", erzählt Evangelist Lukas.

Der befreiende, erleichternde, dankbare „Ach, du bist es!"-Effekt, der stellt sich erst ein, als die zwei Wanderer zu Hause angekommen sind, sie Jesus in ihr Haus bitten, ihn bewirten, ihm ein Nachtquartier anbieten und er ihre Abendmahlzeit in ein heiliges Abendmahl verwandelt. „Da erkannten sie ihn plötzlich." Und das transformiert ihre Enttäuschung in Zuversicht, ihre Ratlosigkeit in Motivation, ihre Empathielosigkeit in „brennende Herzen".

ANDREAS MALESSA

Für *dich!*

Das ist nicht
mein Blick

Ich will mir nicht einreden lassen,
dass immer mehr Menschen
nur an sich selbst denken.
Ich will keine Berichte sammeln
über Hass und Streit,
zwischen wem auch immer.
Das ist nicht mein Blick.
Ich bin froh, dass ich so viele
liebevolle Menschen kenne.

Ich will mir nicht einreden lassen,
dass die Menschen seit Jahren
immer unfreundlicher werden.
Ich will nicht das Negative suchen.
Das ist nicht mein Blick.
Ich bin froh, dass ich so viele
freundliche Menschen kenne.

Ich will mir nicht einreden lassen,
dass es immer mehr Menschen gibt,
die langweilig und farblos sind.
Ich will niemanden beurteilen.
Das ist nicht mein Blick.
Ich bin froh, dass ich so viele
interessante Menschen kenne.

Ich will mir nicht einreden lassen,
dass es Menschen gibt,
die weniger wert sind als andere.
Ich will nicht einteilen in gut
und schlecht,
in brauchbar und unbrauchbar,
in wertvoll und wertlos.
Das ist nicht mein Blick.
Ich bin froh, dass ich nur
wertvolle Menschen kenne.

RAINER HAAK

Applaus statt Tariflohn?
Nein, aber ...

„Mein Lohn ist, dass ich darf", heißt es in dem alten Diakonissenspruch von Hermann Löhe – ich entdeckte ihn neulich in Gallneukirchen wieder, im Fenster der früheren Mutterhauskapelle. *„Ich diene weder um Lohn noch um Dank, sondern aus Dankbarkeit und Liebe"*, heißt es darin. Engagement aus Dankbarkeit, nicht um des Dankes willen. *„Und wenn ich dabei alt werde? So wird mein Herz grünen wie ein Palmbaum und der Herr wird mich sättigen mit Gnade und Erbarmen. Ich gehe mit Frieden und sorge nichts."* Ein bisschen haben sich die letzten Diakonissengenerationen und auch die Vorsteher und Oberinnen der Mutterhäuser des alten „Gründungsspruchs" geschämt.

Ja, der Spruch konnte, einer jungen Schwester täglich als Ideal der Selbstlosigkeit vor Augen gestellt, erdrückend schwer werden. Und er stand in Neuendettelsau, in Kaiserswerth und in vielen anderen Mutterhäusern auf den Nachttischen der Probeschwestern genauso wie in den Schul- und Liederbüchern. In der sogenannten Taschengelddiakonie der Diakonissengemeinschaften, in der ein Tariflohn für Krankenschwestern und Kindergärtnerinnen noch gar nicht zur

45

Debatte stand, konnte dieses *„Mein Lohn ist, dass ich darf"* durchaus hart und zynisch klingen – vor allem, wenn er einem von anderen vor Augen gestellt wurde! Bis heute werden Erzieherinnen und Pflegende in ihren berechtigten Kämpfen um Wertschätzung und Anerkennung immer wieder von Eltern, Kranken und Arbeitgebern daran erinnert, dass sie doch auch mit einem geringen Einkommen zufrieden sein können, weil sie einen Beruf haben, der ihrer innersten Motivation entspricht und sie mit anderen Menschen verbindet.

Es ist berechtigt, sich für diese Zumutung zu schämen. Denn ein *„Danke schön!"* kann den gerechten Lohn für gute Arbeit nicht ersetzen – auch nicht in einem Dienstleistungsberuf. Seit mit der Gründung der freien Schwesternschaften klar wurde, dass auch ein Beruf in der Wohlfahrtspflege eine Profession ist und nicht nur unentgeltliche, barmherzige Nächstenliebe, weiß das eigentlich jeder. Geld und Liebe dürfen nicht gegeneinander ausgespielt werden. Weil das zu oft geschah, ist der alte Spruch nun unter einer Geschichte von Missbrauch und Missverständnissen verschüttet. Er ist beschädigt durch den moralischen Zeigefinger und durch falsche Gesetzlichkeit. Da ist nichts mehr von der Leichtigkeit der Dankbarkeit – alles scheint schwer, beschämend schwer.

»Danke

Tatsächlich aber liegt eine tiefe Wahrheit in dem alten Spruch: Wer dankbar dafür ist, dass andere ihm zur Seite standen, möchte etwas davon zurückgeben. Wer begriffen hat, was im Leben wirklich trägt, möchte das anderen weitergeben. Dankbarkeit ist ein Strom, der durch uns hindurchfließt wie die Lebenskraft durch einen Baum. *„Und wenn ich dabei alt werde, so wird mein Herz grünen wie ein Palmbaum ..."* – der Diakonissenspruch enthält ein großes Glücksversprechen. Nicht, dass uns am Ende irgendjemand etwas dankt, sondern dass wir lebendig bleiben, wenn wir Erfahrungen weitergeben. Dass wir Frieden machen mit dem Leben und schließlich gut Abschied nehmen können. Dankbarkeit ist eben gerade keine Morallektion für junge Schwestern und kein erhobener Zeigefinger von Eltern ihren Kindern gegenüber. Dankbarkeit ist die Haltung eines erwachsenen Menschen, der auf ein Stück Leben zurückblicken kann und nun zu schätzen weiß, was ihn hat wachsen lassen, was er ist und sein darf. Der das Leben trotz allem und in allem zu schätzen weiß. Was gäbe es Wichtigeres und Schöneres, als das zu leben und anderen weiterzugeben?

CORNELIA COENEN-MARX

Hier, für dich!

Glück ist normal, denke ich, wenn ich glücklich bin.
Jeder denkt das. Aber es ist nicht normal!
Es ist unnormal, sonderbar und unbegreiflich.
Als würde man mit einer Leichtigkeit durch
die Luft spazieren, mit den Händen auf dem Rücken,
einen halben Meter über dem Boden.
Oder als würde dein Hund plötzlich die Augenbrauen
zusammenziehen und sagen: „Du immer mit deinem
‚Sitz! Sitz!'. Ich sage doch zu dir auch nicht ‚Sitz!'.
Lass mich einfach etwas unglücklich sein.
Ein bisschen unglücklich."
Dann ist das Glück wie eine Überraschung.
Einfach so, eines Morgens: „Hier, für dich ..."
„Was ist das?"
„Glück."

TOON TELLEGEN

48

Kaffeebohnen-Ritual

Zwei berufstätige Mütter erzählen mir
von ihrem Lieblingsritual.
Sie treffen sich einmal im Monat. An einem freien Nachmittag.
Sie stellen zwei leere Tassen auf den Tisch.
Und legen zwei Hände voll Kaffeebohnen dazu.
Dann erzählen sie, was gerade bitter ist für sie.
Sie erzählen es mit den Bohnen.
Jede einzelne steht für einen Stressmoment.
Eine Enttäuschung. Eine Überforderung. Eine Verspätung.
Eine Überstunde. Eine Kinderkrankheit. Einen geplatzten Termin.
Für einen Streit zu Hause oder mit der Chefin.
Sie haben alle Hände voll zu tun.
Um Berufsleben, Privatleben und Familienleben in Balance zu halten.
Sie erzählen. Es wird geweint, gelacht, gewütet, getrotzt.

Dann nehmen sie die Bohnen

und zermahlen sie.

Die eine mahlt mit der Hand, die andere befüllt eine elektrische Mühle.

Beide Geräusche sind Musik in ihren Ohren, erzählen sie, und lachen.

Dann kochen sie Kaffee.

Mal die eine, beim nächsten Mal wieder die andere.

Während sie warten und der Duft sie schon lockt, segnen sie die zwei leeren Tassen.

Die leeren Tassen sind ein Symbol für den Freiraum, den sie sich wünschen.

Für die Offenheit, die sie sich bewahren wollen.

Auch wenn sie oft unter Druck stehen.

Für den Platz, den sie brauchen für sich. Auch wenn alles schon übervoll ist.

Und dann genießen sie.

Die eine mit Milch, die andere schwarz. Beide mit Zucker.

Und sie danken für das, was süß ist in ihrem Leben und wunderbar.

Das Bittere gehört genauso dazu wie die Leere, meint die eine.

Und natürlich das Vergnügen am Schluss, sagt die andere.

CHRISTINA BRUDERECK

Zank statt
Dank

Roswitha hatte gebacken. Und alle vier Kuchen waren gut gelungen, fand sie. Kirsch-Sahne-Mandelstreusel, ihr sogenannter „Feuerwehrkuchen", dann Birne-Schmand mit Mokkabohnen drauf und einem Schuss Obstler drin, schließlich gedeckter Apfel auf Mürbeteig sowie ein Marmorkuchen. Plus Zimtschnecken, gekauft, nun gut, Cake-Pops und Mini-Gugelhupfe mit Eierlikör, schön altmodisch. Alles auf Kristallglasplatten und dreistöckigen Etageren appetitlich angerichtet. Für den überregionalen „Frauen-Tag" im Gemeindehaus. Morgens Andacht, dann Referate, nachmittags Workshops und dazwischen: Pausen!

Wolf-Rüdiger hatte Unmengen Kartoffelsalat und Würstchen herbeigeschafft. Jetzt, zur Kaffeepause, war er aber plötzlich unauffindbar. Schade. Roswitha hätte ihren Mann gerne dabeigehabt, wenn sie, nun ja, Lob und Anerkennung bekommen würde. Dankbare Wertschätzung von anspruchsvollen Teilnehmerinnen eines anspruchsvollen Seminartages.

„Laktosefrei?" Die junge Mutter mit dem Baby in der rechten Armbeuge deutete auf das Stück Kirsch-Sahne. „Garantieren Sie das? Lak-tose-frei?!" Sie betonte jede Silbe und sah Roswitha an wie eine verärgerte Mutter ein begriffsstutziges Kind anschauen würde. Bevor die Nein sagen konnte, schaltete sich ein Mädchen mit Strickmütze ein: „Vergiss es! Denk an deine Haselnuss-Allergie!" „Das sind keine Haselnüsse, das sind Mandelstreusel", wollte Roswitha beschwichtigen, aber da hob schon eine

zweite Frau ihren Teller mit Apfelkuchen ganz dicht unter die Nase und verzog das Gesicht. „Da ist Gluten drin! Wetten? Gluten!" Als könne man das riechen. Sie stellte den Teller ab und schnüffelte vornübergebeugt am Birne-Schmand-Kuchen. Ihre Haare hingen bis aufs Tablett. „Alkohol, stimmt's?" Sie richtete sich wieder auf und sah Roswitha an. „Ich glaub's ja nicht! Ich glau-be-es-ja-nicht. Schnaps! Und das bei so vielen Kindern hier."

„Entschuldigung", von hinten drängte jemand ans Kuchenbuffet, „die Gelatine auf dem Obstkuchen, die ist aus Schweineknochen, oder?" Roswitha drehte sich um. Eine Muslima mit Kopftuch? Nein, eine spindeldürre junge Frau. Auf ihrem roten T-Shirt stand „Yes, ve gan". „Warum fragen Sie?", Roswitha wollte nicht patzig klingen. „Weil für mich keine Tiere sterben müssen! Erst recht nicht für Obstkuchen!" Die Veganerin klang patzig.

„Seit ich Gluten und Laktose gut vertrage, konzentriert sich meine Intoleranz auf bestimmte Personen!" Wolf-Rüdiger war plötzlich wieder da. Er umfasste Roswithas Taille und seine warme Männerstimme dicht an ihrem Ohr tat ihr plötzlich unendlich gut.

„Heute Mittag", fuhr er tröstend fort, „ging's drum, ob die Würstchen garantiert BSE-frei sind, ob man statt Senf lieber Brennesselstärke haben könnte und statt Cola auch pürierten Gemüsesaft. Ich hab draußen erst mal eine geraucht, um nicht zu explodieren."

„Von dem, was die hier übrig lassen", seufzte Roswitha, „machen wir uns eine Woche lang Schlemmertage." Sie lächelte. Und küsste Wolf-Rüdiger auf den Mund. Garantiert glutenfrei.

ANDREAS MALESSA

Was soll ich sagen?

Eine gute Freundin war krank. Sogar schwer krank, so wurde ihr mitgeteilt. Natürlich machte sich Jutta so bald wie möglich auf den Weg zu ihr. In der Bahn versuchte sie, sich das Wiedersehen vorzustellen. Es hieß, die Freundin sei kaum in der Lage zu sprechen. Jutta fragte sich, wie sie sich verhalten solle. „Vielleicht erzähle ich von mir und von den Kindern, damit gar nicht erst so eine drückende Stille entstehen kann? Soll ich am Bahnhof einen Blumenstrauß kaufen? Soll ich Fröhlichkeit und Optimismus verbreiten und versuchen, sie zum Lachen zu bringen? Oder erst mal herausfinden, ob mein Besuch überhaupt passend ist? Wie soll ich mich nur entscheiden?"

Als Jutta mit einer einzelnen Rose in der Hand den Bahnhof verließ, nahm das Gedankenkarussell in ihrem Kopf erst richtig Fahrt auf. „Es ist wahrscheinlich das Beste, wenn ich meine Unsicherheit einfach überspiele, damit sie sich nicht auf meine kranke Freundin überträgt. Oder würde es ihr guttun, meine Betroffenheit zu spüren?"

Sie betrat das Krankenzimmer. Jutta erkannte ihre Freundin kaum wieder, so sehr war sie bereits von der Krankheit gezeichnet. Zuerst stand sie hilflos neben ihr. Augenblicke später setzte sie sich auf den bereitgestellten Stuhl und hielt verlegen die Hand der Kranken. Kaum ein Wort bekam sie heraus.

Doch dann reichte ein Blick der Freundin, ein dankbarer, liebevoller Blick, um Jutta zu zeigen, dass sie nichts tun und nichts sagen musste. Dass sie da war, das allein war wichtig in diesem Augenblick.

RAINER HAAK

Wo warst du, Gott?

So viele Fragen habe ich dir schon gestellt,
wenn ich verzweifelte an dir und deiner Welt.
Ich hab geklagt und wollte wissen, ob sogar
ich dann und wann nicht ganz von dir verlassen war.
Wo warst du, Gott? hab ich mich dann bei dir beschwert,
weil es so schien, als hättest du mich nicht erhört.
Doch diese Frage fiel mir viel zu selten ein,
wenn es genug an Grund gab, mich zu freun.

Wo warst du, Gott, an meinem allerersten Tag,
als ich gesund im Arme meiner Mutter lag?
Wo, als ich einfach spielend diese Welt vergaß?
Wo, als ich stolz auf meinem ersten Fahrrad saß?
Wo warst du, als ich meine Prüfungen bestand?
Wo, als ich unerwartet meine Liebste fand
und als die Welt sich nur noch drehte um uns zwei?
Wo warst du, Gott? Ich glaub, du warst dabei.

Wo warst du, Gott, bei jenem Sonnenuntergang,
als ich im Farbenmeer nur noch um Atem rang?
Wo warst du, als Musik die Sprache mir verschlug
und aus dem Trübsinn mich zurück ins Helle trug?
Wo warst du, Gott, wenn ich ein Fest gefeiert hab
und es um mich nur lachende Gesichter gab
und wenn wir fanden, dass das Essen köstlich war?
Du warst dabei. Das wird mir langsam klar.

Wo warst du, als mein Arzt von glatter Heilung sprach?
Wo, als ich mir beim Treppensturz das Bein nicht brach?
Wo, als ich bremsend schon den Abgrund vor mir sah?
Wo warst du, Gott? Ich denke heute: Du warst da.
Noch eine Frage, Gott, doch die geht mehr an mich:
Warum ich nicht mehr achtgegeben hab auf dich,
warum ich dir bisher so wenig dankbar bin?
Ich glaub, ich schau jetzt öfter zu dir hin.

MANFRED SIEBALD
(nach Psalm 42,4 und Matthäus 28,20)

Dein Koordinationsvermögen

Frauen
wird im Unterschied zu Männern
die Fähigkeit zugeschrieben,
mehrere Dinge nebeneinanderher
erledigen zu können.
Sie vermögen zum Beispiel,
sich beim Autofahren ohne Weiteres
mit einem unters Kinn geklemmten Handy
im Rückspiegel zu schminken,
während sie mit der freien Hand
nach den schreienden Kindern
auf der Rückbank greifen und zugleich
einen Auffahrunfall verursachen.

Lachen Sie nicht zu früh, meine Herren!
Rein statistisch gesehen verantworten Männer
doppelt so viele Verkehrsunfälle
bei nur halb so vielen Tätigkeiten!

HANS-JOACHIM ECKSTEIN

Frau Rebekka
zur silbernen Hochzeit

Ich habe dich geliebet und ich will dich lieben
so lang du gold'ner Engel bist
in diesem wüsten Lande hier und drüben,
im Lande, wo es besser ist.

Ich will nicht von dir sagen, will nicht von dir singen,
was soll uns Loblied und Gedicht?
Doch muss ich heut' der Wahrheit Zeugnis bringen,
denn unerkenntlich bin ich nicht.

Ich danke dir, mein Wohl, mein Glück in diesem Leben.
Ich war wohl klug, dass ich dich fand.
Doch nicht ich fand – Gott hat dich mir gegeben.
So segnet keine andre Hand.

61

Sein Tun ist je und je großmütig und verborgen,
und darum hoff' ich, fromm und blind,
er werde auch für uns're Kinder sorgen,
die unser Schatz und Reichtum sind.

Und werde sie regieren, werde für sie wachen,
sie an sich halten Tag und Nacht,
dass sie wert werden und auch glücklich machen,
wie ihre Mutter glücklich macht.

Uns hat gewogt die Freude, wie es wogt und flutet
im Meer. So weit und breit und hoch.
Doch manchmal hat uns auch das Herz geblutet,
geblutet ach, und blutet noch.

Heut' aber schlag ich aus dem Sinn mir alles Trübe,
vergesse allen meinen Schmerz
und drücke fröhlich dich, mit voller Liebe,
vor Gottes Antlitz an mein Herz.

MATTHIAS CLAUDIUS
(1740–1815)

62

Gesellschaftlich

Nun aber ist Timotheus von euch wieder zu uns gekommen und hat uns Gutes berichtet von euerm Glauben und eurer Liebe und dass ihr uns allezeit in guter Erinnerung habt und euch danach sehnt, uns zu sehen, wie auch wir uns nach euch sehnen. Darum sind wir, Brüder und Schwestern, euretwegen getröstet worden in aller unsrer Not und Bedrängnis durch euren Glauben; denn jetzt leben wir auf, wenn ihr fest steht in dem Herrn. Denn wie können wir euretwegen Gott genug danken für all die Freude, die wir durch euch haben vor unserm Gott!

1. THESSALONICHER 3,6–9

>> *In Teilen der Gesellschaft fehlt es an Demut und Dankbarkeit.* <<

WOLFGANG NIEDECKEN

Sozusagen grundlos

Ich freu mich, daß am Himmel Wolken ziehen
und dass es regnet, hagelt, friert und schneit.
Ich freu mich auch zur grünen Jahreszeit,
Wenn Heckenrosen und Holunder blühen.
– Daß Amseln flöten und daß Immen summen.
Daß Mücken stechen und daß Brummer brummen.
Daß rote Luftballons ins Blaue steigen.
Daß Spatzen schwatzen. Und daß Fische schweigen.

Ich freu mich, daß der Mond am Himmel steht
Und daß die Sonne täglich neu aufgeht.
Daß Herbst dem Sommer folgt und Lenz dem Winter,
Gefällt mir wohl. Da steckt ein Sinn dahinter,
Wenn auch die Neunmalklugen ihn nicht sehn.
Man kann nicht alles mit dem Kopf verstehn!
Ich freue mich. Das ist des Lebens Sinn.
Ich freue mich vor allem, daß ich bin.

vergnügt

In mir ist alles aufgeräumt und heiter:
Die Diele blitzt. Das Feuer ist geschürt.
An solchem Tag erklettert man die Leiter,
Die von der Erde in den Himmel führt.
Da kann der Mensch, wie es ihm vorgeschrieben,
– Weil er sich selber liebt – den Nächsten lieben.
Ich freue mich, daß ich mich an das Schöne
und an das Wunder niemals ganz gewöhne.
Daß alles so erstaunlich bleibt, und neu!
Ich freu mich, daß ich ... Daß ich mich freu.

MASCHA KALÉKO
(1907–1975, In meinen Träumen läutet es Sturm)

65

Göttliche **Wein**lese

Noch nie hatten die kränklichen Kinder Jacques und Madeleine an einer Weinlese teilgenommen. Mir ging es wie ihnen. Sie hatten eine kindliche Freude daran, ihre Aufregung geteilt zu sehen. Ihre Mutter hatte versprochen mitzugehen. Wir gingen nach Villaines, wo die Weinkörbe hergestellt werden, und hatten uns besonders hübsche bestellt. Wir vier sollten nun einige Reihen „herbstlesen", ernten, die unseren Scheren vorbehalten geblieben waren, aber es war abgemacht, dass wir nicht zu viele Trauben essen dürften.

Nie waren diese zwei kleinen, sonst so schwächlichen und blassen Wesen frischer, rosiger, tätiger, lebendiger als an diesem Morgen. Sie plauderten, nur um zu plaudern, sprangen hin und her, kamen und gingen ohne ersichtlichen Grund, nur um, wie andere Kinder, ein Übermaß an Lebenslust herauszulassen. Monsieur und Madame Mortsauf hatten sie nie so gesehen. Und ich wurde mit ihnen Kind. Und vielleicht mehr Kind noch als sie, denn auch ich erhoffte meinen Lohn. Bei schönstem Wetter zogen wir in die Reben und blieben einen halben Tag. Wie wir darum stritten, wer die schönsten Trauben fände, wer seinen Korb am raschesten füllte! Es war ein beständiges Hin- und Herlaufen von den Weinstöcken zur Mutter. Es wurde keine Traube gepflückt, die man ihr nicht zeigte.

67

Sie schlug ein helles, jugendfrohes Lachen an, als ich schnell hinter ihrer Tochter herkam, ihr auch meinen Korb zeigte und mit Madeleines Stimme und Worten fragte: „Und meine, Mama?!"

Sie antwortete: „Liebes Kind, erhitze dich nicht so!", dann fuhr sie mir mit der Hand über den Nacken und durchs Haar, klopfte mir auf die Wange und fügte hinzu: „Du bist ja furchtbar heiß." Es war das einzige Mal, dass ich diese Liebkosung in der Stimme hörte, das „Du" von Liebenden.

Ich sah hübsch mit roten Früchten bedeckte Brombeerhecken, ich hörte das Schreien der Kinder, beobachtete die Schar der Winzer, ihre mit Fässern beladenen Karren, die mit Tragekörben bepackten Männer. Ach, ich prägte mir jede Einzelheit ein bis herab zum jungen Mandelbaum, wo sie dort frisch, rosig und lachend unter dem aufgespannten Sonnenschirm stand. Dann machte ich mich daran, Trauben zu pflücken, meinen Korb zu füllen, ihn in den großen Bottich zu leeren mit einer stillen, anhaltenden Anspannung meiner Körperkräfte. Ich kostete die unaussprechliche Freude einer körperlichen Arbeit, die das Leben in richtige Bahnen lenkt.

HONORÉ DE BALZAC (1799–1850)

Täglich
zu singen

Ich danke Gott mit Saitenspiel,
dass ich kein König worden.
Ich wär geschmeichelt worden viel
und wär vielleicht verdorben.

Auch bet ich ihn von Herzen an,
dass ich auf dieser Erde
nicht bin ein großer reicher Mann
und wohl auch keiner werde.

Denn Ehr und Reichtum treibt und bläht,
hat mancherlei Gefahren.
Und vielen hat's das Herz verdreht,
die weiland wacker waren!

Und all das Geld und all das Gut
gewährt zwar viele Sachen,
Gesundheit, Schlaf und guten Mut
kann's aber doch nicht machen.

Und die sind doch, bei Ja und Nein,
ein rechter Lohn und Segen.
Drum will ich mich nicht groß kastei'n
des vielen Geldes wegen.

Gott gebe mir nur jeden Tag
soviel ich darf zum Leben.
Er gibt's dem Sperling auf dem Dach;
wie sollt er's mir nicht geben?!

MATTHIAS CLAUDIUS
(1740–1815)

Einander
eine Freude
machen

Damit Klarheit herrscht: Geld spielt bei uns keine Rolle, solange wir noch Kredit haben. Die Frage ist, was wir einander zu den vielen Festtagen des Jahres schenken sollen. Monate vorher schon beginnen wir, an Schlaflosigkeit zu leiden. Der Plunderkasten „Zu weiterer Verwendung" kommt ja für uns selbst nicht in Betracht.

Vor drei Jahren zum Beispiel schenkte mir meine Frau eine komplette Fechtausrüstung. Sie bekam von mir eine zauberhafte Stehlampe. Ich fechte nicht.

Vor zwei Jahren verfiel meine Frau auf eine Schreibtischgarnitur aus Carrara-Marmor, samt Briefbeschwerer, Brieföffner, Briefhalter und Briefmappe, während ich sie mit einer weiteren zauberhaften Stehlampe überraschte. Ich schreibe keine Briefe.

Dieses Jahr informierten mich gute Freunde, meine Frau sei in lebhaftem Gespräch mit einem Grundstücksmakler gesehen worden. Wir haben ein gemeinsames Bankkonto, für das meine Frau aber auch alleine zeichnungsberechtigt ist. Erbleichend nahm ich sie zur Seite: „Liebling, das muss aufhören. Geschenke sollen Freude machen, aber keine Qual. Ich sehe keinen Zusammenhang zwischen einem Feiertag und einem schottischen Kilt, den ich niemals tragen würde. Lass uns jetzt ein für alle Mal schwören, dass wir einander keine Geschenke mehr machen!"

Meine Frau fiel mir um den Hals und nässte ihn mit Tränen der Dankbarkeit. Auch sie hatte schon an eine solche Lösung gedacht, aber nicht gewagt, sie vorzuschlagen. Jetzt war das Problem für alle Zeiten gelöst, Gott sei Dank.

Zehn Tage vor dem festlichen Datum ertappte ich meine Frau, wie sie ein enormes Paket in unsere Wohnung schleppte. Ich zwang sie, es auf der Stelle zu öffnen. Es enthielt Milchpulver. Ich öffnete jede Dose und untersuchte den Inhalt mit Hilfe eines Siebs auf Manschettenknöpfe, Krawattennadeln und ähnliche Fremdkörper – fand aber nichts. Trotzdem eilte ich am nächsten Morgen zur Bank. Und tatsächlich: Meine Frau hatte 260 Pfund von unserem Konto abgehoben!

Gerade als ich nach Hause kam, schlich sich meine Frau abermals mit einem riesigen Paket durch die Hintertür herein. Ich stürzte auf sie zu, entwand ihr das Paket, riss es auf – natürlich! Herrenhemden! Eine Schere ergreifen und die Hemden zu Konfetti zerschneiden war eins.

„Da! Und da!", stieß ich keuchend hervor.

Sie, die soeben diese meine Hemden aus der Wäscherei geholt hatte, versuchte einzulenken: „Liebling, wir sind doch erwachsene Menschen mit hohem Intelligenzniveau. Wir müssen einander vertrauen, sonst ist es mit unserer Ehe vorbei." Die 260 Pfund habe sie abgehoben, um ihre Schulden beim Friseur zu bezahlen, sagte sie.

Wie schändlich von mir, meine geliebte kleine Frau, die beste Ehefrau von allen, so völlig grundlos zu verdächtigen!

Am nächsten Morgen folge ich ihr heimlich auf ihrem Weg nach Jaffa und war sehr erleichtert, als ich sie ein Geschäft für Damenstrümpfe betreten sah. Fröhlich pfeifend, auf dem Heimweg, kaufte ich bei einem befreundeten Antiquitätenhändler eine kleine chinesische Vase. Teuer, aber aus der Ming-Dynastie. Das Schicksal wollte es anders. Warum müssen die Fahrer unserer Stadtbusse auch immer so unvermittelt bremsen! Zu Hause versuchte ich, die Scherben wieder zusammenzuleimen, aber das klappte nicht. Umso besser. Wenigstens kann mich meine Frau nicht des Vertragsbruchs zeihen.

Sie empfing mich im Speisezimmer, festlich gekleidet, mit glückstrahlendem Gesicht. Auf dem großen Esstisch sah ich, geschmackvoll arrangiert, einen elektrischen Rasierapparat, drei Kugelschreiber, ein Schreibmaschinenfutteral aus Ziegenleder, eine Schachtel Skiwachs, einen Kanarienvogel, komplett mit Käfig, eine Brieftasche, eine zauberhafte Stehlampe, einen Radiergummi und ein tragbares Grammofon, das sie bei einem Damenstrümpfehändler in Jaffa unter der Hand gekauft hatte.

Ich stand wie gelähmt und brachte kein Wort heraus. Meine Frau starrte mich ungläubig an. Sie konnte nicht fassen, dass ich mit leeren Händen gekommen war. Dann brach sie in konvulsivisches Schluchzen aus: „So einer bist du also! Ein Mal, ein einziges Mal, könntest du mir eine kleine Freude machen – aber da fällt dir nichts ein! Pfui, pfui, pfui, geh mir aus den Augen ..."

Erst als sie geendet hatte, zog ich aus meiner Tasche die goldene Armbanduhr mit den Saphiren hervor. Kleiner dummer Liebling.

EPHRAIM KISHON
(1924–2005)

Für *dich!*

Tag der vergessenen Hobbys

Am 10. Januar ist der Tag der Blockflöte.
Es wundert Sie vielleicht, dass ich so einen Gedenktag erwähne und nicht einen von größerer Relevanz. Den Weltfriedenstag zum Beispiel, meinetwegen auch den Weltkuscheltag. Die Blockflöte ist ja nicht gerade ein viel gerühmtes Instrument. Noch seltener wird es geliebt. Mit einer Blockflöte gewinnt man keinen Blumentopf.

Und genau das ist mein Punkt: Ich habe mal eine ganze Weile Blockflöte gespielt. Niemand hat mich dazu gezwungen. Ich mochte es. Und als ich las, dass die Flöte einen eigenen Tag hat, erinnerte ich mich daran. Auch fragte ich mich, warum ich eigentlich aufgehört habe zu spielen. Klavierspieler werden verehrt, Gitarrenspieler geliebt, Cellistinnen bewundert. Fest steht: Mit einer Blockflöte werde ich niemanden beeindrucken können.

Ich fühlte mich ertappt. Als ob es darum ginge. Als ob es darum ginge, meine Freizeitbeschäftigungen danach auszuwählen, ob sie präsentabel sind. Mich in ein gutes Licht stellen oder für den Lebenslauf taugen, für die Timeline meines Social-Media-Profils oder zumindest als beiläufig eingestreutes Gesprächsthema auf einer Party. Eine Blockflöte macht mich leider nicht zu einem interessanteren Menschen.

Ich habe einen Freund, der sammelt Sand. Ich glaube, er schaut sich dessen Zusammensetzung unterm Mikroskop an und freut sich darüber. Aber sicher bin ich nicht, er spricht nicht viel davon. Die Tochter meines Freundes puzzelt gern. Nie würde sie das Werk an die Wand hängen, sie puzzelt so vor sich hin, und wenn sie fertig ist, kommen alle Teilchen wieder in den Karton. Sie ist Anfang zwanzig, ich schätze, auch dieses Hobby fällt nicht in die Kategorie „cool". Mein Neffe sammelt Briefmarken. Nicht als Wertanlage, sondern weil ihm die Bilder gefallen.

Wegen solcher Geschichten ist der Tag der Blockflöte ein Akt des Widerstandes. Gegen die Inszenierung des Lebens, gegen den

Trend, sich selbst als Gesamtkunstwerk mit möglichst vielen interessanten Facetten zu präsentieren. Puzzles und Briefmarken taugen nicht für Facebook. Sie geben nicht vor, cool zu sein oder zumindest witzig. Unwahrscheinlich, dass es auf einmal einen Blockflöten-Hype geben wird.

Ich wünsche mir noch viel mehr solcher Tage: den Tag des Malens nach Zahlen. Den Tag der Strickliesel. Der Patiencen. Des stinknormalen Kreuzworträtsels. Den Tag des unspektakulären Hobbys. Den Tag der vergessenen Sachen, die man mal gemacht, aber aufgegeben hat, weil sie nichts bringen. Keinen Ruhm, keine Aufmerksamkeit, keine Selbstverbesserung.

Ich muss jetzt aufhören. Ich will auf den Dachboden, meine Blockflöte suchen.

SUSANNE NIEMEYER

Wer schenkt wem das Richtige?

Im Herbst verändert sich Roswithas Verhalten. Zumindest bei geselligem Beisammensein nach Veranstaltungen, auf Empfängen, in den Foyers von Konzertsälen, in Gemeindehäusern oder nach der Kirche. Rückt nämlich der Advent heran, findet Wolf-Rüdiger seine Frau immer häufiger ausschließlich mit Frauen im Gespräch. Und immer geht es um Geschenke!

„Will man den alten Eltern das Richtige schenken, sollte man jahrelang Listen geführt haben", hörte Wolf-Rüdiger auf dem Weg zur zweiten Tasse Kaffee. „Senioren erinnern sich doch so furchtbar genau. Und sie heben alles auf!" Roswitha sprach mit einer Freundin. „Zigarren und Rotwein bekam mein Schwiegervater schon letztes Jahr. Gartengeräte und Werkzeug hat er genug. Socken und Rasierwasser wären einfallslos. Was er wirklich braucht, sind Thrombose-Strümpfe."

Die Damen kicherten. Wolf-Rüdiger ließ seine Tasse auffüllen und blieb in unauffälliger Hörweite.

„Gibt's eigentlich Apotheken-Gutscheine für Medikamente, die die Kasse nicht übernimmt?" Wieder verhaltenes Gelächter. Wolf-Rüdiger erinnerte sich. Oma hatte sich Weihnachten sehr gefreut über den Gutschein eines Wellness-Hotels. Aber von Januar bis März einmal pro Woche angerufen und gefragt, wer sie hinfährt, wer sie abholt und ob Koffer und Rollator wohl ins Auto passen ...

Roswitha und ihre Freundin sprachen jetzt von Markenartikeln und Firmenlogos, Hals- und Bundgrößen unaussprechlicher Textilien, Farbnuancen, Materialbeschaffenheit und Preisen. Alles im Konjunktiv. Möchte, hätte, würde, könnte, gäbe, müsste ... Wolf-Rüdiger seufzte auf.

Was kleine Kinder wünschen, ist leicht erfüllbar. Was man pubertierenden Teenagern schenkt, taucht im Januar bei eBay auf.

Was eine Ehefrau wünscht, sollte ihr Mann „seiner Liebsten das ganze Jahr über sensibel ablauschen und sich merken", hatte Wolf-Rüdiger in einem Ehe-Ratgeberbuch gelesen. Und es brav befolgt: Als vorigen Sommer in Usedom die Luftmatratze kaputtging, schenkte er Roswitha zu Weihnachten eine neue. Fand sie unromantisch. Seltsam.

„Warum", mischte er sich jetzt abrupt in die Debatte der Damen ein, „warum schenken Frauen auch jenen Leuten das Richtige, die sie nur flüchtig kennen, während Männer auch jenen das Falsche schenken, die sie von Herzen lieben?" Die beiden Freundinnen stutzten ratlos.

„Ich wünsche mir", Wolf-Rüdiger wurde beinah etwas laut, „dass meine Liebe zu all meinen Lieben nicht daran gemessen wird, ob ich ihnen das Richtige schenken kann!"

ANDREAS MALESSA

Der Graue

Der Tod träumt in mir
sein graues Leben
Aber ich bin noch
Rot und blau und grün
in ihm
Muß noch Wälder verwalten
Zeichen entziffern
Himmel in Atem halten

Er ist immer mit dabei
Groß und grau
Will alles Rot und Grün und Blau
Grau machen in mir

Ich trete ihm entgegen und sage
Der Wald klingt nicht
der Himmel ist blaß
die Sterne sind versiegelt
Ich habe viel zu tun
sage ich ihm

Das Graue träumt sich aus mir
hinaus in die Wolke
sie verwandelt sich in
flüssiges Silber
um mich
Plötzlich steht ein Regenbogen
zwischen ihm und mir

ROSE AUSLÄNDER
(1901–1988)

Aus Victorias Gebetbuch

Eine alte Frau kam zu einem schwedischen Konsul in Süd-
amerika und bat um einen neuen Pass. Sie sprach nur spanisch,
behauptete aber, in Schweden geboren zu sein. Nein, irgend-
welche Papiere gäbe es nicht mehr, ihre Familie sei vor siebzig
Jahren hierher ausgewandert. Der Diplomat erklärte ihr,
er brauche doch irgendeinen Beweis für ihre Abstammung!
Die Frau überlegte eine Weile. Plötzlich sang sie laut, kräftig
und in reinster småländischer Mundart „Gud, som haver
barnen kär". Das Abendgebet der Kinder. Sie bekam ihren
schwedischen Pass auf der Stelle.

Gott, du liebst die Kinder dein,
schau nach mir. Ich bin noch klein.
Wohin immer ich mich wende,
kommt das Glück durch deine Hände.
Glück, das kommt, und Glück, das geht.
Deine Lieb' allein besteht.

HANS AKERHIELM (1908–2003)

Schau**fenster**

Trotz allen widerstreitenden und beklemmten Gefühlen muss ich sagen: An manchen Abenden im Dezember, wenn es nach trübem, verschleiertem Nachmittag in den Geschäftsstraßen aufzuflammen beginnt, wenn all die farbigen und grellen Schimmer aus den Schaufenstern auf den feuchten oder beschneiten Asphalt herausfallen und die Straße etwas festlich Belebtes bekommt, dann macht dieser verlogene, heftige Weihnachtsbetrieb mit seiner lichten Außenseite mir doch einigen Spaß, und ich kann dann eine Stunde lang gerade in jenem Stadtteil bummeln, den ich sonst vermeide, und kann eine Stunde lang gefesselt an den strahlenden Läden hinstreichen, ins Schauen verloren.

Es träumt mir dann, ich sei ein Kalifensohn aus Bagdad und sei nach langer, abenteuerlicher Reise, aus Todesgefahr und bitterer Gefangenschaft entronnen, in eine leuchtende Stadt des fernen Ostens gelangt und mische mich entzückt und neugierig in das Gewühl um die Basare der Händler.

Nachdenken verträgt sich schlecht mit dieser Stimmung, und das Schöne an dieser abendlichen Bummelstunde ist gerade das Erlöstsein vom Denkenmüssen. Aber wenn ich dabei doch je und je ein wenig gedacht und mich selber beobachtet habe, so machte ich dabei jedes Mal mit einem gewissen (manchmal lachenden, manchmal eher peinlichen) Erstaunen die Entdeckung, dass ich, der rüstige Fünfziger mit dem leicht ergrauenden Scheitel und dem milden Brillengesicht, im Grunde meiner Seele ungewöhnlich infantil geblieben oder wieder geworden sein muss. Ich bemerke dies, wenn ich mir Mühe gebe, darauf zu achten, wie eigentlich diese vollen, strahlenden Schaufenster auf mich wirken und welcherlei Gegenstände es sind, die mir auffallen und die mich zum Wünschen reizen. Ich mache alsdann die Wahrnehmung, dass die Sachen, die mir gefallen und die mich lüstern zu machen vermögen, beinahe alle noch dieselben sind wie in meiner Knaben- und frühen Jugendzeit.

HERMANN HESSE
(1877–1962)

84

Schlafen **können**

Ich liege, Herr, in deiner Hut
und schlafe ganz mit Frieden.
Dem, der in deinen Armen ruht,
ist wahre Rast beschieden.

Du bist's allein, Herr, der stets wacht,
zu helfen und zu stillen,
wenn mich die Schatten finstrer Nacht
mit jäher Angst erfüllen.

Hat banger Zweifel mich gequält,
hast du die Wahrheit nie entzogen.
Dein großes Herz hat nicht gezählt,
wie oft ich mich und dich betrogen.

Du wusstest ja, was mir gebricht.
Dein Wort bestand: Es werde Licht.

JOCHEN KLEPPER
(1903–1942)

Standort

INHALT

VERZEICHNIS
DER AUTORINNEN UND AUTOREN

HANS AKERHIELM (1908–2003),
schwedischer Autor und Theologe.

ROSE AUSLÄNDER (1901–1988),
geborene Rosalie Beatrice Scherzer, deutsch- und englischsprachige
Lyrikerin, die in Österreich-Ungarn, Rumänien, den USA, Österreich
und Deutschland lebte.

HONORÉ DE BALZAC (1799–1850),
französischer Schriftsteller, u. a. Autor des Romanzyklus
„Die menschliche Komödie".

DIETRICH BONHOEFFER (1906–1945),
lutherischer Theologe und Widerstandskämpfer gegen den
Nationalsozialismus, 1945 im KZ Flossenbürg ermordet.

STEPHANIE BRALL
Publizistin, Fotografin, Gestalterin, Autorin und Sprecherin.

CHRISTINA BRUDERECK
evangelische Theologin und Autorin.

MARTIN BUCHHOLZ
deutscher Fernsehjournalist, Theologe, Liedermacher, Musiker, Kabarettist und Autor.

HANNA BUITING
freie Autorin und Journalistin, www.hannabuiting.de.

MATTHIAS CLAUDIUS (1740–1815),
deutscher Dichter und Journalist.

CORNELIA COENEN-MARX
evangelische Theologin, Pastorin und Publizistin.

HANS-JOACHIM ECKSTEIN
evangelischer Theologe (Neutestamentler) und Autor.

PAUL GERHARDT (1607–1676),
evangelisch-lutherischer Theologe, gilt als einer der bedeutendsten deutschsprachigen Kirchenlieddichter.

RAINER HAAK
freier Schriftsteller, Theologe und Aphoristiker.

HERMANN HESSE (1877–1962),
deutsch-schweizerischer Schriftsteller, Dichter und Maler, 1954 Nobelpreis für Literatur.

ECKART VON HIRSCHHAUSEN
Fernsehmoderator, Arzt, Zauberkünstler, Kabarettist,
Comedian und Schriftsteller.

HANNS DIETER HÜSCH (1925–2005),
Kabarettist, Schriftsteller, Kinderbuchautor, Schauspieler, Liedermacher,
Synchronsprecher und Rundfunkmoderator.

MASCHA KALÉKO (1907–1975),
geboren als Golda Malka Aufen, deutschsprachige Dichterin,
Vertreterin der sogenannten Neuen Sachlichkeit.

EPHRAIM KISHON (1924–2005),
israelischer Satiriker ungarischer Herkunft, gilt im deutschsprachigen
Raum als einer der erfolgreichsten Satiriker des 20. Jahrhunderts.

JOCHEN KLEPPER (1903–1942),
deutscher Theologe, Journalist und Schriftsteller, gilt als einer der
wichtigsten Dichter geistlicher Lieder im 20. Jahrhundert.

ANDREAS MALESSA
Hörfunkjournalist, Theologe, Autor, Referent, und Moderator,
u. a. Librettist des Musicals „Amazing Grace" und „Martin Luther King".

WOLFGANG NIEDECKEN
Musiker, Maler und Autor. Sänger, Texter, Komponist und
Frontmann der Kölschrock-Band BAP.

SUSANNE NIEMEYER
freie Autorin und Bloggerin, www.freudenwort.de.

OLE MOROMPI RONKEI
Massai aus Kenia, promovierter Journalist und Kommunikations-
wissenschaftler, u. a. für Kinderhilfswerk Compassion International
und die Weltbank tätig.

EUGEN ROTH (1895–1976),
deutscher Lyriker und populärer Autor meist humoristischer Verse.

ANTOINE DE SAINT-EXUPÉRY (1900–1944),
französischer Schriftsteller und Pilot, u. a. Autor der märchenhaften
Erzählung „Der kleine Prinz".

ANDREA SCHWARZ
Sozialpädagogin, Autorin, Referentin und Bibliolog-Ausbilderin.

MANFRED SIEBALD
deutscher Liedermacher christlicher Popularmusik, www.siebald.org.

TOON TELLEGEN
niederländischer Kinderbuchautor, wurde zunächst mit seinen
Gedichten bekannt, einer der bekanntesten Autoren der Niederlande.

LEW NIKOLAJEWITSCH TOLSTOI (1828–1910),
häufig auch Lew oder Leo Tolstoi, russischer Schriftsteller,
u. a. Autor von „Krieg und Frieden" und „Anna Karenina".

Seite 45
Cornelia Coenen-Marx: „Applaus statt Tariflohn? Nein, aber …", aus: P & S, Zeitschrift für Psychologie & Seelsorge, Heft 4/2020, Bundes-Verlag Witten, mit freundlicher Genehmigung der Autorin.

Seite 48
Toon Tellegen: „Hier, für dich", aus: Ich denke. Porträts von Ingrid Godon mit Texten von Toon Tellegen, Mixtvision München 2015.

Seite 49
Christina Brudereck: „Kaffee-bohnen-Ritual", aus: Christina Brudereck: Für alles gibt es eine Zeit, © 2018/2020 SCM R.Brockhaus in der SCM Verlagsgruppe GmbH, Witten/Holzgerlingen (www.scm-brockhaus.de).

Seite 51 und 78
Andreas Malessa: „Hätte dich beinah nicht erkannt", aus: ders.: Malessa macht Urlaub: Ferien-geschichten von A–Z, dort unter dem Titel: „Inkognito anwesend", Brunnen, Gießen 2017.

Seite 56
Manfred Siebald: „Wo warst du, Gott?": Liedtext von der CD „Höchste Zeit", 2014, SCM Hänssler, © 2013 Manfred Siebald.

Seite 60
Hans-Joachim Eckstein: „Dein Koordinationsvermögen", aus: ders.: Wertschätzungen, Holz-gerlingen 2020, 520f, mit freund-licher Genehmigung des Autors.

Seite 61 und 69
Matthias Claudius: „Täglich zu singen" und „Zur Silberhochzeit", aus: Erna Hildebrandt (Hrsg.): Was nah ist und was ferne. Ein Lesebuch. Ev. Verlagsanstalt, Berlin 1990.

Seite 63
Die Zeit 37/2020: Was fehlt unserer Gesellschaft?

Seite 64
Mascha Kaléko: „Sozusagen grundlos vergnügt", aus: dies.: In meinen Träumen läutet es Sturm. Gedichte und Epigramme aus dem Nachlass, hrsg. von Gisela Zoch-Westphal, dtv, München 1977, mit freundlicher Genehmigung von dtv Verlags-gesellschaft mbH & Co. KG.

Seite 66
Honoré de Balzac: „Göttliche Weinlese", aus: ders.: Die mensch-liche Komödie, Insel-Verlag Leipzig 1911, zit. nach: Caritas Kalender 2021, Seite 114 ff., St. Benno, Leipzig 2020.

Seite 70
Ephraim Kishon: „Einander eine Freude machen", aus: Kishon, Das große Kishon-Buch © 1974 LangenMüller in der F.A. Herbig Verlagsbuchhandlung GmbH, München, mit freundlicher Genehmigung der Herbig Verlags-buchhandlung Stuttgart.

Seite 81
Rose Ausländer: „Der Graue", aus: Dies: Im Ascheregen die Spur deines Namens. Gedichte und Prosa 1976, Gesammelte Werke Band 4, © 1984, S. Fischer Verlag GmbH, Frankfurt am Main.

Seite 82

Hans Akerhielm (Hrsg.):
„Aus Victorias Gebetbuch": ders.:
Victorias Gebetbuch, hrsg. von
der Hofgemeinde Stockholm,
Kreuz, Stuttgart 1988 , © Norstedts
Publishing Group, Stockholm.

Seite 83

Hermann Hesse: „Schaufenster",
aus: ders.: Hermann Hesse,
Sämtliche Werke in 20 Bänden.
Herausgegeben von Volker Michels.
Band 14: Betrachtungen und
Berichte 1927–1961. © Suhrkamp
Verlag Frankfurt am Main 2003.
Alle Rechte bei und vorbehalten
durch den Suhrkamp Verlag Berlin.

Seite 85

Jochen Klepper: „Schlafen können",
aus: Rita Thalmann: Jochen Klepper.
Ein Leben zwischen Idyllen und
Katastrophen, Kaiser, München
1978.

Bibeltexte: Lutherbibel, revidiert
2017, © 2016 Deutsche Bibelgesellschaft, Stuttgart

BILDNACHWEIS

Titel: Patrick Runte;
Seite 6: fmatte/Photocase;
Seite 13: Sigit Mulyo Utomo/iStockphoto;
Seite 22/23: Addictive Stock/Photocase;
Seite 32: Anja Haß; Seite 42/43: suze/
Photocase; Seite 51: Please Don't sell My
Artwork AS IS/Pixabay; Seite 53:
Clker-Free-Vector-Images/Pixabay;
Seite 58/59: David-W-/Photocase;
Seite 66: Bruno/Germany/Pixabay;
Seite 74/75: AllzweckJack/Photocase;
Seite 76/77: Chrom72/Pixabay;
Seite 80: Steppeua/iStockphoto

IMPRESSUM

Bibliografische Information der Deutschen Nationalbibliothek:
Die Deutsche Nationalbibliothek verzeichnet diese Publikation in der
Deutschen Nationalbibliografie; detaillierte bibliografische Daten
sind im Internet über http://dnb.d-nb.de abrufbar.

© 2021 by edition chrismon in der Evangelischen Verlagsanstalt GmbH • Leipzig
und Deutsche Bibelgesellschaft • Stuttgart
Printed in EU

Das Buch wurde auf alterungsbeständigem Papier gedruckt.

Gestaltung: Anja Haß, Leipzig
Bildredaktion: Lena Uphoff, Frankfurt und Anja Haß, Leipzig
Druckerei: Czech News Center a. s.

ISBN 978-3-96038-278-2   ISBN 978-3-438-06298-7
www.eva-leipzig.de   www.die-bibel.de